Lb 2454.

AF267072

# LA
# SOCIÉTÉ POSSIBLE.

Il existe une opinion publique, quoi qu'on en dise ;

Et l'opinion est puissante, malgré qu'on en ait ;

Et l'opinion est hostile, ainsi qu'on l'a faite.

Or, quel spectacle offre la chronique du monde ?

Le pouvoir se débattant contre l'opinion;

Le pouvoir se portant de rigueurs en rigueurs ;

Le pouvoir abandonné par la force ;

Le pouvoir précipité dans l'abîme.

(*Des journaux*, à l'occasion du projet de loi, etc., 1827.)

## PARIS,

**A. PIHAN DE LA FOREST, IMPRIMEUR,**

RUE DES NOYERS, No 37.

**1835.**

BIBLIOTHÈQUE ROYALE

Qu'on jette un coup d'œil sur notre situation : tout ce que
la nature a de plus inviolable, en opposition avec ce que la
société a solennellement consacré ; le poids d'un principe im-
prescriptible vis-à-vis de la masse imposante des lois de dix siècles;
la position du misérable, fort de son droit, qu'il exalte jusqu'au
point de la subversion sociale, contre la légalité rigoureuse
dont le puissant prétend couvrir ses usurpations progressives.

Comme la société a été souvent assise sur des bases fausses,
et que ce qu'il y a de plus sacré, religion, justice, mœurs et
lois, se chargent peu à peu de la rouille des siècles; comme,
d'un autre côté, la société n'est pas vouée à tendre vers le
terme extrême de la corruption, c'est un devoir, un besoin,
de restaurer ces bases vicieuses, d'enlever cette rouille funeste.

L'histoire crie que les révolutions se jouent constamment de
la masse nationale, et que, sous des dénominations variables
et insidieuses, c'est toujours entre quelques classes de citoyens
aisés que se passent les débats politiques.

Songez-y : les phases alternatives se succéderont sans fin,
jusqu'à l'établissement d'un ordre de choses qui soit fondé sur
les rapports naturels de la race humaine, sur les lois de la
morale religieuse et pratique, sur les habitudes enfantées par
la participation active à la chose publique, sur le sentiment
intime du bien-être, seul capable de fonder des bases, de créer
des garanties à la société. ( *Extraits d'un écrit de* 1790. ).

~~~~~~~~~~~~~~~~~~~~~~~~~~~~~~~~~~~~~~~~~~~~~~~~~~~~~~

*Fragmens de l'écrit :*

## LA PÉNINSULE EN TUTÈLE : 1828.

Qu'on y songe enfin ? les couronnes se sont associées, elles restent solidaires : et l'alliance porte la force ; la force porte l'obligation.

Associées, il leur est enjoint de veiller non-seulement, à ce que leurs partenaires ne soient pas dépouillés par la révolte, mais encore à ce que l'arbitraire ne soit pas exercé par leurs partenaires.

Moralement, le monarque, en sa qualité d'homme, est exposé à pécher grièvement, à persister dans l'impénitence finale, si la foudre lui épargne ses menaces : politiquement, les torts, les travers du monarque, ou plutôt du ministère qui agit en son nom, sont sujets à occasioner, au premier jour, ces crises révolutionnaires que les Etats voisins doivent prévenir à l'origine.

Solidaires, il rejaillit sur chacune d'entre elles, quelque chose du blâme, du mépris, du ridicule, que l'une ou l'autre aura justement mérité, aura seulement encouru.

Dans notre siècle, il n'y a plus de nations dans le sens des nations de l'autre siècle, dont les poteaux de douane formaient la délimitation et déterminaient la concentration : parmi ces êtres éparpillés sur le sol de telles zônes géographiques, des sectes hostiles se sont formées, que la répulsion isole au milieu de la société même, que l'attraction rallie au-delà des confins, avec les sectes analogues.

Et par derrière, par dessous, perce une race encore à l'époque de l'enfance, encore dans l'état d'innocence, qu'enivrera l'esprit du jour, qu'emportera le tourbillon du mouvement.

———

Si la digue trop fragile se laisse entamer et rompre, le
~~~~~~~~~~~~~~~~~~~~~~~~~~~~~~~~~~~~~~~~~~~~~~~~~~~~~~

plus petit ruisseau, dont les eaux se seront lentement amoncelées, inondera et noiera l'immensité de la plaine.

La digue rend l'image de la volonté suprême : est-elle investie de force ? l'opinion reste calme et stagnante ; est-elle atteinte de faiblesse ? l'opinion travaille, pénètre, renverse.

Alors il n'y a plus de volonté suprême : et le pouvoir illégitime ou légitime qui, malgré son impuissance, en prend le titre, en tente l'exercice, s'expose à plaisir, aux chances d'un coup de main, à la tyrannie du premier venu.

Alors, quel que puisse être l'état des choses. la justice, d'accord avec la sagesse, appelle l'opinion publique.

Après que des crises ont ébranlé le sceptre, et quand le sceptre vacille dans les mains, l'opinion publique, mise en plein et libre exercice, éclairée de toutes les lumières, organisée en ses divers centres, et réprimée par les lois tant qu'elle ne sera pas contenue par les mœurs, seule garantit la consolidation et l'amélioration des sociétés humaines ; seule protège les couronnes contre une subite levée de boucliers, contre une émeute de rue ou de campagne ; seule prévient les causes, et du moins éloigne le terme, où quelque révolution fortuite, s'exaltant, s'égarant de pas en pas, amènerait enfin et installerait la souveraineté du peuple.

---

Abstraitement et absolument parlant, autant qu'il est permis à notre fragile et chétif esprit de se hasarder sur ces voies périlleuses, les peuples n'ont point le droit formel de se gouverner ou d'être gouvernés, conformément à leurs opinions, à leurs idées ; par la simple raison, que ces idées sont variables dans l'individu même et différentes entre les individus, sont souvent impossibles en pratique, souvent opposées à la justice, à la sagesse.

Le droit constitutif des peuples, lequel exprime le devoir corrélatif des rois, consiste en ce que l'action du gouvernement soit dirigée dans la vue, vers le but de leurs intérêts et de leurs besoins ; en ce que la participation au gouvernement leur soit attribuée, lorsque l'intelligence vient à être éclairée, lorsqu'un surcroît de force est invoquée par les événemens.

Cependant, l'opinion qui n'est d'abord qu'un mode de percevoir les choses sous tel point de vue, se revêt d'un caractère réel et s'installe au titre de fait matériel, après que des circonstances quelconques l'ont fixée et rivée dans les têtes, l'ont transformé en une volonté, l'ont identifiée avec l'existence, tellement que toutes les facultés, toutes les forces de l'être sont exclusivement vouées à son service.

Ce n'est plus une opinion ; c'est une puissance : il semble que dans le creuset du cerveau, chauffé par le feu soutenu des passions, l'être antérieur se soit fondu, se soit moulé sous d'autres formes, en un être nouveau.

L'idée constitue l'existence même ; et il n'y a moyen d'extirper l'idée, à moins d'anéantir l'existence.

Dans cet état des esprits, il ne s'agit plus de discuter et disserter, de professer et prêcher, de peser et juger enfin, quand ce serait avec des balances impartiales, si l'opinion est juste en principe, pas même si elle est possible en pratique.

Au for intérieur, il ne faut entendre qu'à la justice ; au dehors, c'est la puissance qu'il faut comprendre.

Sans doute, cela mène loin, toujours sur les mêmes voies et jusqu'au terme extrême : cela mène à ne pas opposer le fragile bouclier du droit, aux armes tranchantes du fait, à ne pas marcher en avant pour être mis en fuite, à ne pas combattre pour être vaincu : cela mène à faire rentrer au besoin, la ligne du juste, sous le cercle du possible, non sans s'efforcer à étendre de plus en plus ses limites.

Force est au pouvoir, ou qu'il fasse l'opinion à lui, ou qu'il se fasse à l'opinion.

Or, l'opinion qui s'était faite au pouvoir, ou que le pouvoir avait faite à lui, devient difficile à refaire, après que tant de crises, qu'un tel laps de temps, l'ont défaite.

Le pouvoir se sent-il doué de force, de constance, d'habileté, au point d'accomplir l'œuvre : alors, qu'il ne tarde pas ; autrement, qu'il n'hésite pas.

Telle société lui est donnée : il s'y rencontre des opinions, qui ayant été mises en scène, qui s'étant liées avec l'être même, sont devenues des puissances réellement parlant.

En combattant, en soumettant l'une, au moyen de l'autre, c'est donner des fers à celle-là, c'est donner le sceptre à celle-ci : et en les opposant l'une à l'autre, en les soutenant tour à tour, c'est éterniser la lutte, c'est consolider l'anarchie.

Au contraire, en modifiant, en régularisant l'action de ces puissances, il y a moyen de les rallier sur des voies collatérales, de les amener au but commun.

Vainement, l'imagination atterrée par les rapports de la mémoire, s'épouvante à l'aspect des puissances sociales, dont l'action désordonnée, démesurée a fait tant de mal.

Ces puissances considérées en elles-mêmes, constituent le principe de vigueur de la société ; la cause des désastres, ne tient qu'à la turbulence des mouvemens : les mouvemens sont à contenir, les puissances sont à conserver.

En réduisant à l'expression la plus simple, sauf à gouverner par la violence, il faut gouverner par l'opinion.

On doit donc aller au-devant d'elle, et l'appeler à soi ; on doit la reconnaître au lieu de prétendre la nier, l'organiser au lieu de la laisser s'égarer.

A peine émané des hautes vues de Dieu et délaissé au libre arbitre de l'homme, le monde social n'offre plus qu'une vague arène, à la lutte incessante de ces puissances hostiles, les unes ostensibles ét vaines, les autres occultes et efficaces, la volonté contre la fatalité, et la légalité contre la moralité.

Le combat, entre les deux premières, affecte l'ordre politique, lequel est troublé par des perturbations irrégulières, est détourné du cours de ses phases progressives, est enlevé, emporté, au mépris de toutes les chances propices, sur la voie des désastres redoublés, jusqu'en l'abîme de la subversion radicale.

Le combat entre les deux dernières, touche l'ordre civil, lequel est asservi, pendant un certain temps, sous les chaînes de la crainte, sous les verges de la peine; et un jour venant, par l'effet du soulèvement des ames, dont la colère ne garde aucune mesure, est brisé en morceaux, réduit en poudre.

C'est que la volonté dépasse le pouvoir, et que la légalité méprise le devoir : torts ou délits analogues, dont la punition est prompte et terrible quant à celui-là, est plus lente, plus affreuse encore quant à celui-ci : attendu que là, il ne s'ensuit qu'une révolution politique, qu'ici, il en advient une révolution sociale.

Sous l'un de ces rapports, depuis la déclaration

du roi en 1789, jusqu'aux ordonnances du roi en 1830, sans parler des actes analogues de chaque parti régnant dans l'intervalle, combien de leçons foudroyantes ont éclaté à l'improviste, sans que l'exemple, toujours repoussé et par la vanité du caractère et par la subtilité de l'esprit, ait porté aucun fruit.

Tant l'homme est sensitif plutôt que rationnel, est passif en sentiment plutôt qu'actif en jugement, et subit l'empire des instincts, des appétits, et n'use de l'intelligence qu'afin d'en colorer la source, d'en favoriser le cours.

Tant l'homme se fait de lui-même un petit monde, en dehors duquel il n'est rien perçu, rien pressenti; et fait de lui, le pivot autour duquel tourne le grand monde au gré des mouvemens imprimés, et tantôt pressés, tantôt retardés suivant sa fantaisie.

Maintenant, il est question surtout de la lutte entre la légalité et la moralité : celle-là arrogante, impudente dans les formes, autant qu'avide et sordide au fond, comme à l'effet de tromper par la hauteur du ton, sur la bassesse du cœur.

Tel est son trait caractéristique qui fut rendu le plus innocemment du monde, par un adepte de haute volée.

(*Rapport de M. de Barente*) « Les classes moyennes trouvent la société actuelle à leur guise, telle qu'elles mêmes l'ont faite. »

De là, comme l'expression de société emporte le sens réduit en un seul mot, et de la légalité politi-

que et de la légalité civile, il appert qu'on a fait la
légalité à sa guise, autrement à son profit, à son
plaisir; et pour peu, ainsi qu'il semble avéré, d'a-
près la nature des choses et la mémoire des temps,
qu'une certaine balance existe entre la somme des
biens et des maux répartis sur le globe, ici le profit,
ici le plaisir, n'ont pas manqué d'occasioner ailleurs la perte, la peine.

Voilà justement à quoi aboutit, dans la lutte
incessante de la légalité contre la moralité, la vic-
toire éphémère que remporte celle-là.

Sauf quelques rares exceptions à faire, en de pe-
tits pays et pour de courts instans, comme en
Suisse, en Toscane, en Piémont, en Danemark, la
légalité ainsi faite à la guise de telles ou telles classes,
se résout en l'octroi, le maintien, le progrès d'un
privilége ou plutôt d'un monopole, à la fois honori-
fique et lucratif, en faveur de ces classes, et au
détriment des autres classes, ou de la population
en masse.

Or, qu'en advient-il?

Sinon que, sous le coup du privilége, écrasant,
assommant, le sens animal est en souffrance, chez
ceux qui sont faits martyrs; et qu'à l'aspect de leur
souffrance, le sens moral s'affecte, s'émeut, s'irrite
chez ceux qui restent spectateurs.

Encore, le sens animal, étant faible en accord,
en entente, aurait à supporter, à subir long-temps,
si le sens moral, fort en tout genre, n'accourait à
son aide, ne lui prêtait appui, n'entrait avec lui en
alliance.

Et la tête s'offrant aux bras, s'armant des bras, le triomphe est certain.

Il n'y a que deux moyens d'écarter ce péril, ou comme dans les états despotiques, en hébétant, abrutissant, de sorte à ce que le sens moral soit étouffé, ou comme au temps des crises politiques, en éblouissant, étourdissant, de façon à ce que le sens moral soit détourné : lâches et perfides arts, dont le dernier du moins, ne tarde pas à être reconnu et grièvement puni.

C'est de la lutte incessante de la légalité contre la moralité, après qu'en ses succès décevans, celle-là s'est montrée tyrannique outre mesure, que surgissent les révolutions de ces trois sortes, et celle contre l'ordre ancien fatigué du poids des ans, et celle contre l'ordre nouveau ébranlé par les fautes, et celle contre l'ordre ancien rappelé de l'oubli.

1789, 1814, 1830 en sont les types.

Les révolutions, ainsi venant, comme en appel d'abus, comme pour déni de justice, non sans être fatales à peu près sans exception, à cause des désastres du présent et des mécomptes de l'avenir, sont obligées en point de fait, suivant les lois de la fatalité, sont obligées en point de droit, suivant les règles de la moralité.

A ce terme extrême, où l'autorité de nature variable, passagère, en sa niaise lutte contre la fatalité de nature immuable, éternelle, enfin s'épuise en efforts ; où la légalité, en sa perverse lutte contre la moralité, l'une et l'autre douées de pareils caractères, enfin se jette dans les excès, la révolution est à la fois inévitable, irrésistible.

En son origine, la faute en est à la niaise autorité, le crime en est à la perverse légalité, l'une qui l'a amenée, l'autre qui l'a aggravée : Dans son cours, il y a faute, il y a crime, alors seulement qu'elle franchit les lignes marquées par la fatalité, qu'elle s'esquive aux règles dictées par la moralité.

D'où, en certain cas fort rare sans doute, ce mot est vrai : *L'insurrection est le plus saint des devoirs;* tandis qu'en aucun cas, ce mot n'est vrai : *L'insurrection est le plus sacré des droits.*

Car, et c'est ici le lieu de le dire, en l'homme, il n'y a point de droit : l'être privé, l'être circonscrit en sa seule personne, est à peine pourvu d'une existence progressible dont se jouent les hasards, est tout-à-fait dénué d'une valeur appréciable qui puisse être saisie dans le mouvement des choses.

En l'homme, il n'y a que le devoir : seul, l'être public, l'être compris en la masse commune, est doué de la vie effective, est investi d'un poids certain, en ce qu'il fait partie intégrante du grand tout.

Et c'est bien ainsi, même sous le rapport de l'intérêt réel, car le droit attaché à l'être privé, par le malentendu des passions aveugles, tournerait aussitôt à l'abus, aux travers; au lieu que le devoir imposé à l'être public, au gré des froids conseils de la raison, conduit sur les voies de paix, de bonheur.

De là, à titre de droit, l'insurrection est impie, est funeste : de là aussi, à titre de devoir, l'insurrection est sainte, est propice.

Subir, endurer ; telle est la loi quant à la personne, qui fut d'abord et au mieux rendue dans l'Evangile.

Défendre et combattre ; telle est la loi quant aux semblables , qui eût été de même et aussi bien rendue sans l'empêchement des circonstances.

Ici, élevant le drapeau, appelant aux armes, vient le sentiment, le sens moral, principe insaisissable en son essence, incontestable en sa puissance, germe inné en la nature de l'homme et développé d'après le cours des circonstances.

Le sens moral fait que l'ame humaine est comme un être unique, identique, comme un être indivis entre tous les hommes, duquel émane et ressort, chaque fragment incarné en tel et tel homme.

Le sens moral fait que si un fragment d'ame pâtit ici ou là, aussi tout autre fragment compâtit ailleurs.

Le sens animal pâtit : le sens moral compâtit. La souffrance incombe au corps ; la *co-souffrance*, ou la compatissance appartient à l'ame.

C'est par la magie du sens moral, que les hommes se fondent en un seul homme, et au besoin, se lèvent comme un seul homme.

Ainsi il arrive, quand, de vieille date et à coups successifs, la légalité vendue au petit nombre froisse les intérêts, lèse les besoins, blesse les sentimens du grand nombre ; car si tous ne sont pas de même attaqués, tous sont de même affectés.

Contre la levée des hommes, à la façon d'un seul homme, le pouvoir n'a que deux voies de salut, ou d'égarer, ou d'étouffer le sens moral.

Le pouvoir obtient la première de ces fins, soit en offrant des leurres à la vanité, soit en jetant des appâts à l'avidité, comme dans la révolution de 1789, et sous la domination de l'empire ; en sorte que chacun, s'enivrant de lui-même ou s'assouvissant en lui-même, devienne impassible à l'égard de tous.

Le pouvoir réussit dans le second sens, en entravant la communication des esprits, en arrêtant la circulation des idées ; de manière que l'ame, lasse de la résistance, blasée par l'habitude, enfin s'affaisse, s'aplatisse.

En tout cas, le succès n'est pas de longue durée, les leurres, les appâts, s'épuisant avec le temps, et les entraves cédant enfin devant l'effort.

Et voilà que le sens moral rendu à la lumière, rentré en sa force, prend en haine la loi, tient en défiance les actes, voue les agens au mépris, et dégoûté du présent, se jette dans l'avenir, désapointé du réel, se réfugie dans l'idéal, et s'échappant de sa ligne, s'égarant en sa marche, évoque, provoque les crises subversives.

Ne parlons pas des deux époques passées, où de même, honneurs et faveurs, grades et places furent livrés en proie, où tour à tour, et l'achat des biens, l'acquit des dettes à vil prix, et la part au butin des victoires, servirent de pâture : ainsi dégradant les esprits, dépravant les cœurs, à la ruine du sens moral.

La crise actuelle en diffère en tous points.

Ce qui fut proie, fut pâture, alors quelque peu

illicite à s'approprier, ont à être consacrés, à titre légitime, aux mains des détenteurs actuels.

La phase d'envahissement de la puissance, de la fortune, fait place à la phase d'affermissement.

Seulement l'habitude de s'enrichir, de s'agrandir aux dépens de quiconque est prise ; et l'inquiétude tourmente d'avoir à subir la loi du talion.

Aussi la légalité est appliquée exclusivement en la double vue, et de protéger la si douce habitude et de calmer l'inquiétude si vive.

La légalité est absorbée aux soins alternatifs de prêter des armes, de couvrir d'un bouclier.

Et ses tenans se leurrent à ce point, qu'en pleine connaissance de cause, en parfait repos de conscience, ils font de leur intérêt, le droit, de leur volonté, la loi.

Tant l'esprit humain est peu disposé à remonter au principe, pour en déduire les conséquences, est entraîné à conclure ce qui doit être moralement, de ce qui est matériellement.

C'est comme une nécessité de nature, qu'en toute réunion d'hommes, l'intelligence, la capacité soient appelées à diriger par l'influence ou à dominer par la contrainte.

Le fait matériel est pris pour le droit moral.

La formule doctrinaire, telle qu'elle apparaît en un journal affidé, de jour en jour se perfectionnant, est parvenue, ce semble, à la plus simple expression.

« La souveraineté est l'attribut de la classe qui réunit la plus grande somme de moralité, de lumières, de richesses, et par conséquent de puissance sociale. »

Autrement, la souveraineté appartient à la puissance, à la force : point toujours incontesté en fait, toujours controversé en droit.

On confond le moyen avec le but, l'outil avec l'œuvre : On omet d'entendre que si la régence appartient à la puissance, aussi le devoir incombe au pouvoir.

De là, les facultés de lumière et de richesse ne s'exercent qu'au profit de ceux qui les possèdent, s'exercent au détriment de ceux qui ne les possèdent pas.

D'autant qu'elles sont élevées à un haut degré, qu'elles sont concentrées en un petit nombre, leur action est plus oppressive.

Les choses en viennent à ce point, que tout ce qui reste en dehors de la classe douée de puissance est traité, est marqué au titre de *caput mortuum.*

Qu'on ne s'y trompe pas, tôt ou tard, tous les partis en arrivent là : si bien que le droit n'existe d'aucun bord.

Et en retour, en conséquence, le fait subit, fortuit, n'ayant jamais à combattre le sentiment du droit, se joue tour à tour, et sans peine, sans risque, de chaque parti.

« Obtenir que la société, bien qu'elle soit faite *par* les classes moyennes, ne soit pas faite *pour* elles, et plutôt soit faite *contre* elles. » (*La royauté possible*, *p.* 30.)

Telle est l'équation sociale dont l'inconnue est à dégager, à déterminer, et seulement, comme dans tous les problèmes de l'ordre moral, en une façon approximative.

Que la société soit faite de telle et telle façon, devient chose d'autant importante, alors qu'elle est à faire ou refaire plus en entier, plus à fond.

Par malheur, la raison s'est perdue et les passions se sont enflammées, en passant de l'acte de détruire à l'acte de reconstruire.

Principe de religion, sentiment de charité, ascendant de mémoire, pouvoir d'intelligence, tout a péri.

Rien ne reste que les appétits raffinés de la civilisation, différens en apparence, plutôt qu'en réalité, des appétits grossiers de la barbarie.

Dans l'homme, il n'existe plus ni fanal à conduire, ni barrière à circonscrire.

D'où viendra la lumière, afin qu'il voie, la force, afin qu'il agisse, sauf que ce soit d'un homme aussi, d'un être à la fois analogue, étranger.

L'homme voit mal ou ne voit pas pour lui-même; tant le rayon de nature s'obscurcit sous les brumes de la vanité, s'éteint dans les tourmentes de la passion.

L'homme voit et voit bien pour un autre homme, le rayon de nature ne se perdant plus à travers un tel atmosphère : et cela est vrai de chaque homme vis-à-vis tous les hommes, est vrai aussi de tous les hommes envers chaque homme.

C'est de l'action de l'homme sur les hommes, et de la réaction des hommes sur l'homme, que viendra la lumière, la force.

Voilà l'opinion.

L'opinion est la vie des esprits, comme l'affection est la vie des cœurs.

Les hommes sont en rapport, en contact par la pensée ainsi que par le sentiment.

Les hommes ne vivent de l'ame, que l'un portant l'autre : la droite pensée, le sentiment juste ont à être fécondés par le concours, à être éduqués par le contrôle.

En point d'intelligence, comme en point de compatissance, les fragmens d'ame épars en tel et tel être, dérivent de l'ame indivise entre toute la race.

Voilà encore l'opinion.

La race étant placée en relation, étant mise en communication, la voix de l'opinion transmet l'expression de la pensée commune, du sentiment commun.

La race étant vouée à l'association, le sceptre de l'opinion garantit ces trois conditions essentielles : *justice*, *sagesse*, *puissance*.

Ici, il est parlé de l'opinion réfléchie en chacun et résumée entre tous, de l'opinion prise en sa vraie entente, et non pas de l'opinion née au hasard, jetée en l'air, changée de jour à autre.

L'opinion porte justice.

A vrai dire, la langue politique n'est pas faite, ou est mal faite.

Ainsi le droit d'élection est une faculté et non une liberté : entre ces mots, la différence consiste en ce que la loi accorde la première, qui est de l'ordre social, et seulement assure la seconde, qui est de l'ordre naturel.

Ainsi, le mot de souveraineté est niaisement entendu du pouvoir de la volonté : comme si la volonté, à la ramasser jusqu'en les classes les plus infimes, allait être vraie, réelle, constante ; comme si la volonté irritée de souffrance, emportée de colère, n'allait pas agir, en dépit de l'intérêt propre, au détriment des intérêts étrangers.

Dans son juste sens, dans son sens possible, la souveraineté doit s'entendre de l'empire de l'opinion, en ce qu'il est donné à l'opinion de se former parmi les rangs éclairés, et de verser, de propager la lumière jusqu'aux derniers rangs : au moyen de quoi la domination part de haut et s'établit par l'influence, tandis qu'autrement elle part d'en bas et s'installe par la violence.

En mettant de côté le vain mot de souveraineté, toute société est en titre, par l'acte ou plutôt par le fait de sa formation, d'être comme il lui plaît, de faire ce qui lui plaît.

Seulement, sous le pouvoir de la volonté conçue à part, saisie en bas lieux, ce qui lui plaît aujourd'hui n'est pas ce qui lui conviendra demain ; au lieu que, sous l'empire de l'opinion, issue de hau lieu, accueillie de proche en proche, ce qui lui convient ce jour est ce qui lui plaira tout autre jour.

Hors de la souveraineté de l'opinion, il n'y a que despotisme d'un seul ou tyrannie de tous.

L'opinion porte sagesse.

L'opinion effectivement débattue, équitablement résumée, atteint au point de la raison, autant qu'il est laissé à la frêle espèce humaine.

Dans le travail de l'opinion ainsi arrêtée, les travers de l'esprit sont redressés aussitôt qu'ils ont percé ; et les vices du cœur à peine osent se montrer, trop bien appris par un instinct fin et sûr qu'ils seraient foudroyés à leur apparition, ou se voient aussitôt refoulés par la honte et dévoilés ainsi à la conscience jusqu'alors ignorante.

A la façon du creuset, le débat entre les idées dégage de l'alliage, épure la substance, donne un bloc homogène et compacte.

L'ame est une, est commune.

Chaque rayon qui en est émané, qui s'est incarné en tel et tel être, ne jette qu'une vague lueur, qu'une étincelle fugitive, et se trouble dans la tempête des passions, se perd sous les brouillards de la routine.

Si les rayons se rallient en leur cours, se dirigent vers un foyer, se concentrent enfin, il apparaît comme un astre lumineux, comme un feu pur et vif.

C'est ainsi qu'à travers l'orbite des temps, les parcelles de la pensée humaine mises en contact, soumises au contrôle, viennent à former un corps de raison.

L'opinion porte puissance.

Cette vérité n'est méconnue qu'à ces deux causes : soit que l'autorité, inhabile ou rebelle à l'usage de la puissance morale, à peine en a fait l'essai et par conséquent n'en a pas la preuve; soit que l'opinion factice, prétendant s'en emparer et l'employer à ses fins, ne possédait pas les caractères de l'opinion efficace.

Sans avoir à discuter au préalable toutes les thèses de psycologie, c'est un fait palpable à chacun et manifeste en tous, qu'il existe au lieu le plus occulte de l'existence, un sens intime, un sentiment inné, lequel, entre l'un et l'autre homme, est monté à l'unisson et se répond en écho.

Le sens intime écoute, entend : il n'y a qu'à lui parler.

C'est la charge de l'opinion vraie et réelle qui, elle-même portant l'expression réduite du sentiment public, ne manque pas de transmettre une impression analogue au sentiment privé.

Quand la parole dite ou écrite, fût-elle vide et creuse, et non parce qu'elle attache mais parce qu'elle émeut, est douée d'une telle influence; quel ne sera pas l'ascendant de la parole forte et riche de pensée, qui émeut aussi et de plus attache?

L'opinion porte justice, sagesse, puissance.

L'opinion est vouée à s'exercer dans un cercle con-
tinu d'action et de réaction, remontant du peuple
au prince, afin d'éclairer l'esprit, et descendant du
prince au peuple, afin d'enlever les cœurs.

L'opinion est douée d'offrir un lien entre leurs
intérêts, d'affermir par un nœud leurs rapports.

Voyez l'Angleterre, où les niais du siècle rêvent le
despotisme de l'aristocratie, dont cependant les
rangs toujours empressés de s'ouvrir aux mérites
apparus, ne lui en laissent que la vaine forme, et
dont les terres chargées avec la dîme et la taxe des
pauvres, presqu'au double des terres de France,
dévoilent le néant d'un tel songe.

Là régne l'opinion, puissance transcendante,
prééminente, puissance juste et sage tant qu'elle est
libre : si bien, qu'à travers les crises inhérentes à
cette phase de la société humaine, par la présence
de l'opinion, l'Angleterre se sauve, tandis que dans
l'absence de l'opinion, l'Espagne est perdue.

Voici le mot :

« La société véritable n'aura nulle chance 'de re-
naître qu'autant que le pouvoir s'attachera à protéger, à provoquer la formation de l'opinion publique,
traduction sensible de l'intérêt général.

« Il faut obtenir de la nation française, qu'elle
s'instruise, qu'elle réfléchisse, qu'elle voie et veuille.
Enseignez à lire, encouragez à lire : lire peu est sy-
nonyme de lire mal ; lire beaucoup est identique
avec lire bien. » (*Des journaux*, *etc.*, 1827.)

Ici, se rencontre un de ces nœuds souvent étran-
ges et disparates de la question sociale, tellement

compliquée par le cours naturel des choses, et de plus embrouillée par les artifices de l'homme, un de ces nœuds qui sont relâchés et dénoués peu à peu, par la puissance morale, ou sont rompus, brisés soudain, par la force matérielle.

En France surtout, autant que le pouvoir inepte ou coupable ne s'occupe qu'à leurrer et frauder, qu'à comprimer et refouler l'opinion, le pouvoir habile et loyal, s'attacherait au contraire à féconder et nourrir, à former et éduquer l'opinion.

Et la tâche est en même temps plus nécessaire, plus difficile, après que, par l'effet des révolutions alternatives, les têtes se sont chargées de fausses notions ou de vagues abstractions, se sont affaissées de fatigues ou exaltées en rêves: de telle façon qu'il y a d'abord à les rendre à l'état sain, à les remettre en mouvement, puis à ouvrir les droites voies, à conduire aux justes fins.

Et la tâche n'est pas entamée, il s'en faut infiniment, par la propagation de ce qui est fort indûment dénommé l'instruction populaire; laquelle, en premier lieu, est répandue en ces classes marquées au coin du travail, dont le sens borné manque à la goûter, à la digérer, et en second lieu est versée en mesure si modique, à des intervalles si rares, que les esprits ne saisissent que le superficiel, n'atteignent point au substantiel.

Et la tâche est contrariée plutôt qu'aidée, par l'action des journaux, qui, brevetés du plus indigne, du plus sinistre monopole, s'adonnent à tel ou tel parti, et portent aux nues ses hommes, foulent aux pieds tous les autres, et par flatterie égarent sur les faits, par indolence n'éclairent pas sur les faits; réalisant en tout point cette parole, déja vieille de plume et encore neuve à l'esprit.

« Le monopole de la presse agite et trouble par le jeu des mensonges, les imaginations, abat et courbe sous le joug des sophismes, les intelligences; interceptant au tour des unes et des autres, tout rayon de pure et vive lumière. « (*De la domination des journaux*, 1828.)

Eh ! qu'on rejette le système absurde de jeter les semences mêlées de la science en un sol mal préparé, où le mauvais grain seul prend racine et porte fruit: qu'on délaisse le sordide calcul d'enfourner la science aux têtes qui ne s'en soucient, en place et en épargne d'allouer la substance aux estomacs qui la mendient.

Qu'on n'instruise pas tant, là où il n'y a qu'abus à faire du prétendu savoir, même à l'égard de l'intérêt personnel.

Qu'on éduque plutôt, là où c'est le rôle de faire emploi des facultés, en la vue du bien public.

Or, en ce sens, à cet effet, le premier point consiste à écarter des esprits la funeste influence, à exposer les esprits à l'ascendant propice: et cela, en dégageant de toutes charges, de toutes entraves, les publications de la presse périodique; afin que, d'une part, les journaux maintenant jouissant du monopole, soient réprimés en leurs excès, soient relevés de leurs erreurs, que d'autre part, quelque feuille, pure de sentiment, simple de langage, parvienne à percer jusqu'à l'œil disfrait, à pénétrer en l'ame exaltée ou affaissée.

L'homme aspire à être mené : et les journaux le mènent au jour le jour; les livres le mènent d'année en année.

Au sujet de ces deux outils appliqués à façonner l'opinion, le pouvoir, qui ne les tient pas en sa main, a le double tort, quant à l'un, de se borner à l'empêcher de faire quelque mal, sans lui permettre de faire quelque bien; et quant à l'autre, de ne songer qu'à soustraire le présent à son influence, non sans avoir appris que ses destins sont de disposer de l'avenir.

D'où il arrive, à l'égard des journaux, que les voies sont ouvertes au poison et fermées à l'antidote, à l'égard des livres, que leurs effets successifs, progressifs, s'amoncèlent sous l'ombre, de façon à produire tôt ou tard une explosion terrible, une subite révolution.

Et sans que l'exemple porte leçon, la révolution ainsi conçue et couvée en silence, connaissant bien ce qui fut, méconnaissant ce qui sera, de même se refuse à accueillir l'influence présente, de même se condamne à subir l'explosion future.

Et, sans que le mépris porte honte, sans que le péril porte crainte, de même chaque révolution, l'une après l'autre survenant, débute au titre de l'intérêt public, se dénoue en vue de l'intérêt privé.

C'est que la complication des relations qui s'effectuent par la force des destinées sociales et presque sans l'aide des volontés humaines, suit une marche vivement progressive ; pendant que la propagation des lumières, ne s'opérant pas sans le concours des esprits, et de plus, étant entravée par le choc des passions, est bien éloignée de s'étendre en une proportion analogue.

Tandis que l'office imposé aux gérans du pouvoir serait de retarder au lieu de hâter le cours accéléré des relations, et d'imprimer un mouvement de plus en plus vif au cours ralenti des lumières ; la tâche qu'ils se donnent est de pousser aux progrès matériels, dont l'orgueil se fait une gloire, et de s'opposer au progrès intellectuel dont la vanité craint le contrôle.

Or, de la divergence continue entre la ligne indiquant le besoin de lumières et la ligne exprimant le défaut de lumières, de cette discordance marquante entre l'extension de l'une et le raccourcissement de l'autre, il s'ensuit de plus en plus l'impossibilité de l'ordre, l'impuissance de l'autorité, et par conséquent l'advenance des crises se succédant, se surpassant, jusqu'à la crise aboutissant à l'abîme.

Rien n'est à espérer et tout est à craindre, soit du dogme de la souveraineté du peuple, mot vague de sens en théorie, vide de sens en pratique, qui n'est tant vanté que par des têtes folles ou des cœurs pervers, dont il n'est jamais usé qu'à l'effet d'asservir au nom du peuple, le peuple même ; soit de la loi du gouvernement représentatif, chose louable en sa conception et funeste en son exécution, d'où, non sans qu'il n'en dérive un contrôle propice à l'égard des actes du pouvoir, il résulte ce mal fort. u-dessus du bien, que les agens institués à ce titre, presque à l'insu de la conscience, exercent le pouvoir à leur profit spécial, et donc au détriment général.

Il n'y a de salut pour la société humaine qu'en rentrant dans les voies providentielles ou naturelles si l'on veut, et en tout cas essentielles, inhérentes au caractère de ses membres.

Il faut toujours revenir sur cette haute vérité, de tout temps soupçonnée et jamais sondée à fond, mise à découvert, exploitée au grand jour, que l'ame est comme une substance homogène entre ses fragmens épars, et identique à travers les temps écoulés, en dépit des lieux éloignés ; dont les émanations rayonnantes allient la vie morale à la vie physique, en tel être marqué d'en haut, et métamorphosent cet être, encore animal, en homme.

L'œuvre de l'ame éternelle, générale, est tramée et tissue par le travail incessant de l'ame éphémère, spéciale, ou plutôt de chaque fragment d'ame : l'œuvre de l'ame, comme il apparaît assez, qui n'est jamais achevée, s'avance de jour en jour en une façon égale et douce, s'il n'y est mis obstacle par les lois ou par les mœurs, et au cas contraire, s'avance néanmoins, mais alors par saccades, par soubresauts.

Ainsi que dans les lettres, les sciences, les arts, le progrès s'opère suivant l'un ou l'autre mode, de même en politique, des conditions pareilles sont imposées au progrès ; lequel, dans cette sphère, se confond avec le maintien, attendu que les relations étant toujours en avance, les lumières, si elles ne bougent, restent en arrière.

Le pouvoir est fait le gérant des relations et doit se faire l'agent des lumières : le pouvoir est le di-

recteur de l'action et doit être le serviteur de l'opinion.

En restaurant le sens de ce mot tant dénaturé
par l'enivrement et par la flatterie, le pouvoir
quelconque n'est que la forme, le mode d'existence
de la société.

Le principe, l'essence de l'ordre social, réside, en
conséquence du défaut de la souveraineté et du
vice de la représentation, dans l'opinion commune.

Les actes du pouvoir ont à suivre les ordres de l'o-
pinion ; autrement ils sont illicites, iniques, impies.

A prendre les choses du plus haut point de vue,
il n'y a ni légitimité royale, ni légitimité populaire ;
celle-là souvent impuissante à résister, celle-ci
toujours impossible à établir, et par suite, ni l'une
ni l'autre ne constituant les rudimens primordiaux
de l'association humaine.

La légitimité sociale existe seule.

Le pouvoir n'a jamais été appelé à tenir d'elle, à
l'avance, son titre ; il est toujours invité à en obtenir, après coup, son titre.

Le pouvoir y parvient à la charge de semer et
féconder, de mûrir et recueillir l'opinion commune, de se vouer à résumer, à rallier, à réaliser
les dictées transmises par son organe.

Il s'agit de la convocation, non plus des volontés
de sorte privée, mais bien des pensées, des sentimens de nature générale.

Il s'agit de la représentation des esprits sains, des
cœurs droits ; en tant qu'ils se mettent en action et
travaillent à l'œuvre sociale.

« Obtenir que la société, bien qu'elle soit faite *par* les classes moyennes, ne soit pas faite *pour* elles, et plutôt soit faite *contre* elles. »

Si le problème était insoluble, même par les voies approximatives, en un degré d'abord relatif, puis progressif, ce serait donc que la société est impossible, du moins quant au maintien fixe du calme, quant à un certain terme de durée.

Surtout en des temps, où l'expérience, de plus en plus renforcée par les crises alternatives, a déchiré le voile, a révélé le secret de l'autorité publique, où la lumière, de jour en jour répandue, a lancé quelque rayon, a éclairé le po int isolé de l'intérêt privé, tôt ou tard la puissanc e légale est abandonnée par la force matérielle, dont les élémens eux-mêmes sensibles, s'émeuvent à l'unisson, se soulèvent d'accord.

Le joug ancien était consacré par l'habitude, supporté par l'ignorance, respecté par la crainte : toutes ces aides, toutes ces sauve-gardes manquent au joug nouveau.

Ce n'est plus ce ramas d'individus épars, fort approchant de la brute, qui recherchaient quelque maigre pâture, sous la domination d'hommes d'origine plus haute; ce sont des citoyens éduqués à un certain point, qui requièrent une plus juste part au banquet de la société, sous l'oppression d'êtres à peine échappés de leurs rangs.

Entre la classe exploitée et la classe exploitante, le désaccord ne cesse, tantôt se confinant en la pensée, tantôt se démontrant par l'action.

Les intérêts respectifs, ceux-ci qui se font despotes et ceux-là qui sont fa*it*s esclaves, ceux-ci qui complotent la loi à leur guise et ceux-là qui subissent la loi à leur dépit, n'ont point en eux-mêmes de quoi s'éclairer, n'ont point entre eux de quoi se rallier.

Chez les uns, l'éblouissement de la puissance s'oppose à ce qu'aucun trait de lumière relève l'esprit et guide en droite ligne : chez les autres, l'abat-battement de la servitude s'oppose de même à ce qu'un éclair de lumière ranime le cœur et montre la route sûre.

Même, les essais, les épreuves, de bonne foi tentés du premier bord, à défaut de se mettre à la place pour savoir ce qui convient et ce qui plaît, sont le plus souvent mal conçus quant au résultat, mal accueillis dans le principe.

Tandis que du dernier bord, les plaintes, les reproches, avec le plus de mesure hasardés, par une cause pareille, n'invitent point à la pitié et plutôt excitent aux rigueurs.

A travers un tel malentendu, d'où dérivent toutes les crises politiques, rien n'interviendra avec succès, sauf que ce soit l'opinion débattue et arrêtée, autrement l'expression réduite de la pensée commune.

Au sein de la masse sujette, où le travail manuel comprime le travail mental, l'opinion ne montre que des rudimens grossiers, qui offrent à peine l'esquisse de la pensée, qui portent plutôt le signe du sentiment, l'indice du besoin.

Au sein de l'élite souveraine qui, au premier aspect, ne semble pas promettre des effets heureux, il s'opère un phénomène que la raison n'eût pas présumé à l'avance, et que l'événement est venu dévoiler.

L'homme est de double nature, l'une subalterne et l'autre éminente ; celle-là vouée à l'égoïsme des appétits ou des passions; celle-ci douée aussi de personnalité, mais, en fait des mouvemens de l'ame.

Mettez les hommes en autorité : et l'égoïsme de chacun affecté d'instinct semblable, d'appétit analogue, s'additionnant l'un à l'autre, se multipliant par le nombre de tous, ne gardera ni règle, ni mesure, s'assouvira sans honte, sans crainte.

Ainsi, il arrive dans tous les états à forme aristocratique, ou pis encore à forme oligarchique; la première où le droit est attribué à la naissance, la seconde où le pouvoir est usurpé par l'intrigue.

Laissez les hommes en liberté : et la personnalité de quelques-uns, s'échappant aux banales tentations à l'aide d'une ambition digne et haute, rivalise de l'un à l'autre, s'exalte l'un par l'autre, en la recherche du juste, de l'utile.

Ainsi il apparaît en ces momens même, dans les travaux généreux de plusieurs jeunes gens, que ni les pertes du passé ne glacent, ni les chances de l'avenir n'embrâsent.

De plus, en dehors des classes sujettes et souve-

raines, certains jeunes gens aussi, partant d'autre
lieu et marchant pas à pas et arrivant à grand'peine,
de toute part s'annoncent nobles de vœux, riches
de vues, forts de moyens, et constans au travail,
fervens à l'œuvre ; lesquels se rejettent et souvent
s'égarent au champ de la littérature, où du moins
germe et pousse la semence bonne ou mauvaise, et
rentreraient dans la lice sacrée, si les barrières
étaient ouvertes et les voies aplanies, si les couronnes s'y apprêtaient en retour des mérites.

L'opinion se tait devant qui ne l'entend : l'opinion ne manque de parler à qui l'écoute.

C'est à elle seule qu'il appartient d'éveiller et
l'ame et la tête, d'inviter à l'exercice des facultés,
d'arracher à l'état de brute, d'élever aux destinées
de l'être, et de dépouiller du vieil homme, de méta-
morphoser en homme vrai.

Sa magie est annoncée par l'intelligence hâtive,
est attestée par la tardive expérience.

Qu'est-ce que l'homme seul ? il ne parle pas à lui-
même ; et pas plus, il ne pense de lui-même, il ne
sent en lui-même.

Il vit, mais de la vie animale et non de la vie men-
tale, morale, ne ressentant rien en dehors de lui,
ne pressentant rien au-delà de lui.

Il n'est pas bon que l'homme soit seul, dit l'E-
ternel : et soudain, la femme apparaît, existence
filée ce semble de substance céleste, et jamais ne se
détachant d'en haut et cependant s'attachant ici bas,
et à travers le vague et vide espace, appelant le ciel
sur la terre, amenant l'homme devers Dieu.

La femme apparaît, portant l'attrait, jetant l'appât, tenant sous le charme, entraînant par le prestige, et semant au sein des joies, le germe des vertus, frayant au sol du bonheur, les voies du sentiment, et dilatant le cœur au point d'embrasser l'humanité entière, enfin donnant l'ame.

Un tel être naît le conducteur privilégié de l'opinion, en tant qu'expression réduite du sentiment commun.

Il reste aux hommes, d'être de l'un à l'autre, de se faire entre eux, les conducteurs mutuels de l'opinion, en tant qu'expression résumée de la pensée commune.

Après que la femme, vivant de sa vie spéciale, a révélé en elle une ame, a décelé une ame dans les autres; c'est aux hommes, ne vivant en plein que de la vie générale, d'éduquer simultanément et réciproquement, l'ame ainsi révélée, l'ame ainsi décelée.

Ce sentiment commun, cette pensée commune, ne peuvent procéder que de l'ame résidant en chaque homme, ou, pour mieux dire, du fragment de l'ame indivise, dispensé à tel et tel homme.

Et ce sentiment, cette pensée, en tant que communs, ne peuvent être formés, composés, que d'élémens analogues, identiques, éparpillés au hasard, ralliés par le contact.

Et ces élémens, en tout point homogènes, ne peuvent être émanés, dérivés, que d'une origine suprême, que d'une source primordiale.

De là, l'opinion, où l'expression réduite du sentement commun, de la pensée commune, n'admet que ce qu'il y a de plus pur dans l'homme, n'aspire, n'enlève, pour ainsi dire, que la crême de la nature humaine : et partant, ne renferme nul de ces sentimens, nulle de ces pensées de mauvais aloi, d'alliage sordide, que jette en ses phases alternatives, la société humaine.

L'opinion marquée à un tel type, ne se charge point de la mission de faire valoir les intérêts nouveaux ou prévaloir les anciens intérêts, de vider le débat entre les passions survenantes et les préjugés persistans, de trancher net du passé à l'avenir, en ne tenant compte du présent.

L'opinion, loin de raser le sol terrestre, plane en la céleste région, loin de s'abaisser jusqu'à l'homme, élève l'homme au-dessus de lui-même.

L'homme abandonné aux tendances de l'ordre matériel, de jour en jour déviait de ses destinées, déclinait de sa nature, et se dégradait en facultés, se dépravait en vœux, en espoirs.

L'opinion vient le soumettre aux influences de l'ordre moral, et l'arrête en sa chute, l'aide à reprendre pied, à remonter la côte, le ramène au point d'où il était tombé.

L'opinion, forte de l'attrait éprouvé d'homme à homme, forte du respect imposé d'homme à homme, transforme chacun en un tout autre et rend chacun à tous, rend tous à chacun.

C'est-à-dire, car le secret gît en ces deux mots, l'opinion fait la société possible.

Or, voilà des gens qui, naguère, se sont donné

le pouvoir en dépit de la conscience, qui, maintenant, se donnent le droit, cette fois à l'insu de la conscience, tant on est induit à prendre le pouvoir pour le droit.

Et ces gens s'évertuent à éviter tout contrôle sur leurs projets, à écarter tout obstacle devant leurs efforts ; et aussi, comme tant d'autres avant eux, les projets n'ayant jamais qu'à se succéder, les efforts ayant à s'épuiser enfin, par cela mêmeil leur faut périr tôt ou tard.

L'opinion les sauve, et en rappelant les devoirs et en présentant les périls.

L'opinion leur apprend que si la société ne peut être faite que par eux, à défaut d'aptitude et de capacité chez les autres ; cependant la société ne doit pas être faite pour eux, qui sont si peu en nombre et déja tant en hausse, et plutôt doit être faite contre eux, que toute la puissance entoure, que toutes les passions emportent.

Eh ! ce sont les gérans même de la société, à quelque titre que ce soit, qui auraient, le bon sens leur revenant, à évoquer l'opinion, à la fois accueillant d'elle la lumière et obtenant d'elle la force.

A peine les habitués de la misère ont à espérer ou à craindre dans les crises politiqnes, tandis que les affidés de la fortune n'ont plus rien à espérer, ont ainsi tout à craindre.

Quelque tourbillon, quelque trombe politique, les enleva des bas-fonds de la société, les arracha à l'humble toit de la naissance et les jeta ébahis, étourdis, puis éblouis, jusqu'au point culminant.

Et là, si haut que rien ne marque au-dessus, si loin que rien ne touche alentour, ces enfans, le plus souvent illégitimes, de la fatalité, livrés en jouets au bon plaisir du sort, s'imaginent être élevés par le mérite, être installés à juste titre, et s'égarent jusqu'à faire de leur intérêt, seul sensible à eux, le droit, à faire de leur volonté, seule active en eux, la loi.

Qui donc leur parlera au cœur, à l'esprit? Non pas la mémoire, honteuse à se reporter aux premiers jours, non pas l'intelligence, inhabile à se conduire en ce cas inouï, non pas la sensibilité, sujette à s'évanouir en un mouvement si subit.

L'opinion seule est douée d'escalader les hauts lieux et d'y pénétrer, chargée de la plainte des temps présens, de la menace des temps futurs.

L'opinion seule est douée de lancer quelque éclair, quelque trait de lumière, à travers les froides brumes, les épais nuages de la légalité; dont, sur les cimes effilées où le moindre souffle ébranle, où le moindre bruit trouble, le pouvoir de rencontre se complaît toujours à être entouré.

Encore la violence brutale n'expose pas aux risques comme la contrainte légale : celle-là portant la terreur, celle-ci ne portant que l'horreur.

On s'esquive, et à défaut on se soumet aux coups de la brutalité, entendant qu'elle est de sorte accidentelle, exceptionnelle : au lieu qu'on se redresse, qu'on se révolte contre le joug de la légalité, voyant trop bien qu'elle est de sorte permanente, régulière.

Puis, en point de moralité, la brutalité ne fait que des brèches susceptibles d'être réparées, au lieu que la légalité sape les bases, assaillit l'édifice, le bat en ruine.

La brutalité frappe le sens intime, le sentiment commun de l'ame, d'une atteinte passagère qui ne tarde pas à se cautériser; au lieu que la légalité, ou le comprime sous un texte rigide, en ses mouvemens, ou le torture par un sordide esprit, en ses attachemens, lui si expansif, si impressible de sa nature.

Même une telle légalité se montre vicieuse à double titre, en ce que, d'une part, s'exerçant sur les choses, elle est soufflée à l'effet d'agrandir la puissance matérielle, et que, de l'autre, s'appliquant plutôt aux hommes, elle est dictée en la vue de garantir l'ascendant moral.

C'est ce qui arrive, alors qu'au siége des sommités sociales, règnent à la fois ces deux passions étonnées de leur alliage, et l'ambition de s'élever sans cesse, sans terme, sauf à être précipité de plus haut, et la prétention, sinon de se préserver des jugemens sévères, au moins d'en réprimer la mâle expression.

De là, ces deux sortes de lois: les unes portant un profit apparent, les autres voilant le péril imminent; les lois de l'impôt, les lois de la presse :

Les premières qui manquent à leur fin de l'ordre matériel, en ce qu'elles rejettent le fardeau sur les classes productives, sur les substances fécondes, et, en un sens, altèrent la force, atténuent la somme de travail, et, en l'autre sens, lèvent la dîme des semences, réduisent les moissons en un rapport progressif :

Les dernières qui faillissent en leur vue de l'ordre intellectuel, en ce que, manifestant la crainte du scandale, décelant le trouble de la conscience, elles réveillent le soupçon endormi à l'abri du calme, de l'oubli, et raniment le blâme, le reproche, tant fatigués, presque épuisés, au bout des tentatives les plus vaines depuis un long laps de temps.

Ainsi commence la lutte entre la moralité et la légalité : et comme le soulèvement des ames est de plus en plus prononcé, la compression des lois est de plus en plus renforcée ; et comme la force native s'exalte par l'exercice, au lieu que la force factice s'affaisse par l'emploi, le triomphe n'est pas long-temps douteux.

Ainsi le pouvoir s'agite, s'égare, se perd.

C'est qu'il fait autour de lui les ténèbres, qu'il se fait un refuge à l'abri de toute lumière.

C'est qu'il fuit l'opinion.

Eh ! bon Dieu ! l'opinion débattue et résumée, ne se met point au service des partis, ne se livre pas à la merci des passions, fort éloignée d'aller se heurter, se briser contre l'impossible.

L'opinion bien apprise par l'expérience, et sur les hommes si fragiles et sur les choses si fortuites, prend l'état présent, pour un terme mitoyen entre le mieux et le pis, renfermés sous le plus grand secret aux chances de l'avenir.

Contre ce qui est, elle s'émut peut-être à son

avènement, et ne s'émeut plus après son établissement.

Contre ce qui se fait, elle se soulève, se révolte, s'il y a lieu.

Quant à ce qui est, comme le passé se refuse à être remanié à son ordre, comme l'avenir ne se prête pas à être confectionné selon ses vœux, l'opinion se tait.

Quant à ce qui se fait, comme ici ni le passé ni l'avenir n'entrent en compte, et comme le présent est de sorte ductile, malléable, l'opinion parle.

Or l'opinion voit bien, sent bien, naissante et vivante au foyer même où vont se rencontrer, se concentrer tous les mouvemens, tous les sentimens épars entre les membres de la société.

L'opinion dit les maux saisis à leur origine, rendus en leur vérité, dit les remèdes extraits de chaque plainte, de chaque souffrance.

Et l'opinion ne manque pas de conférer le titre, de garantir le calme, au pouvoir qui reconnaît son droit, qui accomplit sa loi.

# ECRITS POLITIQUES

### DE

## M. DE LA GERVAISAIS.

### TOME IV. 1824—26.

*Le Projet d'adresse*, exprimant un jugement anticipé et bientôt justifié, sur la septennalité et le remboursement.

*Les scrupules d'un Électeur*, exposant les fatales conséquences à dériver de l'atteinte portée à la Charte.

*Le Ministre*, surtout l'avant-propos, présageant les malheurs amenés par la marche du gouvernement.

### TOME V. 1826—27.

*La Politique royaliste, De la Péninsule*, auxquels il faut joindre *la Péninsule en tutelle* du tome VII, proclamant la nécessité d'imposer à l'Espagne le système représentatif, et d'exercer le contrôle sur la péninsule.

*Des Journaux, à l'occasion de la loi sur la presse*, développant les risques imminens du monopole des journaux, établissant le devoir, le besoin de libérer la presse de toute entrave fiscale.

### TOME VI. 1827.

*Un homme de trop, Un Français aussi, etc., la Pairie, etc.*, prédisant à la suite des erremens du ministère, l'inévitable catastrophe, et montrant d'avance la ruine de la pairie, de la royauté.

*Une autre Chambre, Un autre Ministre*, achevant de rendre la sinistre image de l'avenir, sauf qu'il n'y fût mis obstacle à temps.

### TOME VIII. 1828.

*Le sort de l'Orient et Suite, La Paix de l'Europe*, excitant à conclure, à achever le partage de la Turquie, et pour le progrès de la civilisation, et pour la conservation de la paix.

*Des Concessions, Sur la Censure, De l'Effet moral. etc.*, conseillant de réparer les torts, de prévenir la récidive, et cependant de ne pas presser le mouvement, de ne pas prêter des armes.

### TOME IX. 1829.

*Du refus des subsides*, manifestant le vrai sens de la Charte, discernant les droits, les devoirs des corps constitués.

*La Royauté, Du dénouement de la crise*, annonçant les désastres d'une révolution, dénonçant la subversion de l'ordre social.

*Les seize Boules, Le Vote fatal*, dévoilant à temps les suites inévitables de la fameuse Adresse.

## TOME XI. 1830.

*La Loi des circonstances, Les Nécessités de l'époque*, ouvrant les voies tracées par la puissance du fait, et après la perte de la royauté, travaillant au salut de la société.

*Les périls du temps, De la Guerre*, auxquels il faut joindre la *Vérité diplomatique* du tome XIV, démontrant l'impossibilité de la guerre, l'inutilité des armemens.

## TOME XIII. 1831.

*La Vérité politique, De la Chambre inamovible, La Pairie jugée par les pairs*, essayant de prouver la nullité d'une pairie nommée par le prince, et tentant d'amener l'élection des pairs par les anciennes provinces.

## TOME XIV. 1831

*Le Journalisme, etc., Des mots vides de sens*, indiquant la marche à suivre par les hommes de bien et de sens.

*La Leçon de justice, Les vrais Barbares*, rappelant les périls exposés dans le tome **XI**.

## TOME XVII. 1832.

*Le Pouvoir et le Droit, Les Besoins et les Droits*, rendant compte de l'état hideux de la société et des devoirs imposés à la révolution de 1830.

*La Loi du besoin, La Cause humaine, Les Droits de l'homme*, remontant aux sources primordiales de l'ordre politique et s'efforçant d'instituer enfin la société sur des bases légitimes.

## TOME XIX. 1833.—34.

*Le Siècle de l'absurde, La République, La Crise sociale, L'Etat de guerre dans la société*, tendant à influer dans le même sens, et menaçant à défaut d'une révolution radicale.

*Du vrai sens de la loi repsésentative, De l'œuvre sociale et de l'Outil représentatif*, exposant les fautes, les crimes de la légalité, et proclamant le principe suprême : *Tout* pour *le peuple*, *rien* par *le peuple*.

L'analyse de ces écrits est contenue dans une brochure intitulée : *Exposé de la ligne politique*. 1835.

IMPRIMERIE D'A. PIHAN DE LA FOREST,
rue des Noyers, n° 37.

www.ingramcontent.com/pod-product-compliance
Lightning Source LLC
Chambersburg PA
CBHW051741050726
47598CB00003B/1284